PowerKids Readers:

The Bilingual Library of the United States of America™

PUERTO RICO

JOSÉ MARÍA OBREGÓN

TRADUCCIÓN AL ESPAÑOL: MARÍA CRISTINA BRUSCA

The Rosen Publishing Group's
PowerKids Press™ & Editorial Buenas Letras™
New York

Published in 2006 by The Rosen Publishing Group, Inc.
29 East 21st Street, New York, NY 10010

First Edition

Photo Credits: Cover, pp. 19, 30 (Capital) © SuperStock, Inc.; p. 5 © Carl & Ann Purcell/Corbis; p. 7 © 2002 Geoatlas; pp. 9, 31 (Rainforest) © Tom Beam/Corbis; pp. 11, 30 (Coqui) © Kevin Schafer/Corbis; p. 13 © Stephanie Maze/Corbis; p. 15 © Chris Hellier/Corbis; pp. 17, 25, 31 (Factory) © Bob Krist/Corbis; p. 21 © Tony Arruza/Corbis; pp. 23, 31 (Building) © Bruce Adams; Eye Ubiquitous/Corbis; p. 30 (Hibiscus) © Karen Huntt/Corbis; p. 30 (Tanager) © Darrell Gulin/Corbis; p. 30 (Ceiba) © Wolfgang Kaehler/Corbis; p. 31 (Giralt) Library of Congress Prints and Photographs Division; p. 31 (Puente) © Corbis; p. 31 (Moreno) © Mitchell Gerber/Corbis; p. 31 (Clemente) © Bettmann/Corbis; p. 31 (Martin) © Lisa O'Connor/ZUMA/Corbis; p. 31 (Medicine) © Ed Bock/Corbis

Library of Congress Cataloging-in-Publication Data

Obregón, José María, 1963–
Puerto Rico / José María Obregón ; traducción al español, María Cristina Brusca. — 1st ed.
    p. cm. — (The Bilingual library of the United States of America)
Includes bibliographical references and index.
ISBN 1-4042-3104-8 (library binding)
    1. Puerto Rico—Juvenile literature. I. Title. II. Series.
F1958.3.O37 2006
972.95–dc22
                                                        2005023164

Manufactured in the United States of America

Due to the changing nature of Internet links, Editorial Buenas Letras has developed an online list of Web sites related to the subject of this book. This site is updated regularly. Please use this link to access the list:

http://www.buenasletraslinks.com/ls/puertorico

Contents

Contenido

Welcome to Puerto Rico

These are the flag and shield of Puerto Rico. Puerto Rico is known as the Island of Enchantment.

Bienvenidos a Puerto Rico

Estos son la bandera y el escudo de Puerto Rico. Puerto Rico es conocido como la Isla del Encanto.

JOANNES EST NOMEN EIUS

Flag and Shield of Puerto Rico

Bandera y escudo de Puerto Rico

Puerto Rico Geography

Puerto Rico is in the West Indies. It is made up of one main island and many smaller islands. Some of these smaller islands are Vieques, Culebra, Mona, and Palomino.

Geografía de Puerto Rico

Puerto Rico es parte de un grupo de islas llamadas Antillas Mayores. Puerto Rico está formado por una gran isla principal y varias islas pequeñas. Algunas de estas islas son Vieques, Culebra, Mona y Palomino.

U.S.A.
E.U.A

Puerto Rico

Atlantic Ocean
Océano Atlántico

DOMINICAN REPUBLIC
EPÚBLICA DOMINICANA

Canal de la Mona

Isla de Mona

Mayagüez

PUERTO RICO

Bayamón

San Juan ⊛

Caguas

Ponce

Isla de Culebra

VIRGIN ISLANDS
ISLAS VÍRGENES

Isla de Vieques

Caribbean Sea
Mar Caribe

Map of Puerto Rico

Mapa de Puerto Rico

Puerto Rico has tropical weather. It has mountains, beaches and rain forests. El Yunque Rain Forest in eastern Puerto Rico has more than 240 types of trees and 60 kinds of birds.

El clima de Puerto Rico es tropical. Puerto Rico tiene montañas, playas y bosques. El bosque tropical El Yunque tiene más de 240 variedades de árboles y 60 especies de aves. El Yunque está en la zona oriental de la isla.

El Yunque Rain Forest

Bosque tropical El Yunque

The *coquí* frog is found only in Puerto Rico. Its name comes from the sound it makes. *Coquíes* come in different colors, such as green, brown, or yellow.

El coquí es una rana que se encuentra solamente en Puerto Rico. Su nombre proviene del sonido que produce. Hay coquíes de diferentes colores, como verde, marrón o amarillo.

Coquí Frog

Coquí

Puerto Rico History

Arawak Indians known as Taíno settled in Puerto Rico in the year 800. They called the island Borinquén, which means, "land of the great lords."

Historia de Puerto Rico

Un pueblo amerindio arahuaco, llamado taíno, se estableció en Puerto Rico alrededor del año 800. Los taínos llamaron a la isla Boriken, que quiere decir "tierra del altivo señor."

PROHIVIDO·SUBIR
A·LAS·PIEDRAS
NI·ESQRIBIRLAS

Taíno Indian Stone Writing

Dibujos taínos grabados sobre las piedras

Christopher Columbus discovered Puerto Rico in 1493. He claimed the island for Spain and called it San Juan Bautista, meaning "Saint John the Baptist."

En 1493 Cristóbal Colón descubrió a Puerto Rico. Colón reclamó la isla para España y la llamó San Juan Bautista.

Christopher Columbus

Cristóbal Colón

Spain controlled Puerto Rico until 1898. After the Spanish-American War, control of the island went to the United States. Spanish is still the official language in Puerto Rico.

España mantuvo el control de Puerto Rico hasta 1898. Luego de la Guerra Hispanoamericana, el control de la isla pasó a los Estados Unidos. El español es todavía el idioma oficial de Puerto Rico.

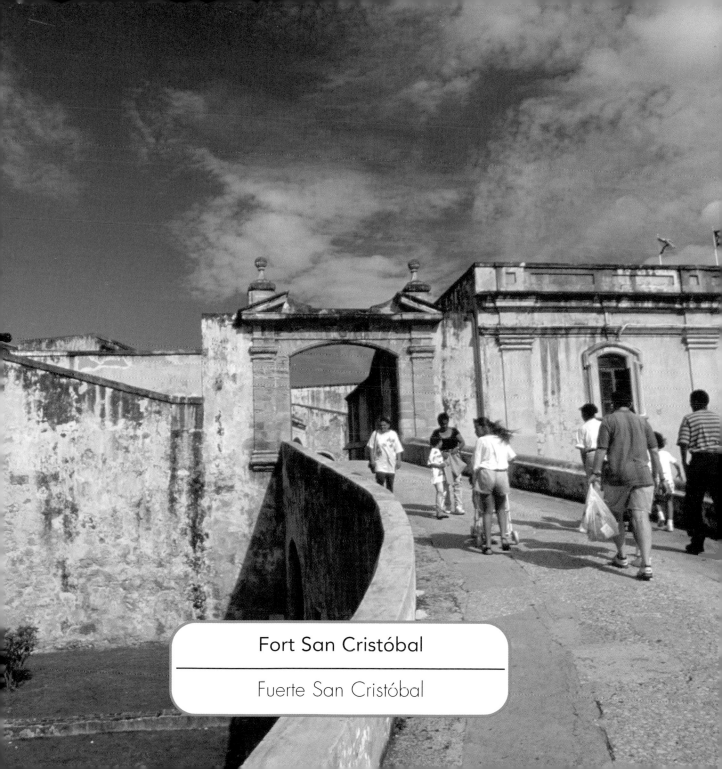

Fort San Cristóbal

Fuerte San Cristóbal

Living in Puerto Rico

Puerto Rico is a commonwealth of the United States. Puerto Rico is not a state, but its people are citizens of the United States. Puerto Rico has a governor and a local government.

La vida en Puerto Rico

Puerto Rico es un Estado Libre Asociado de los Estados Unidos. Sus habitantes son ciudadanos de los Estados Unidos. Puerto Rico tiene un gobernador y un gobierno local.

Capitol Building in San Juan, Puerto Rico

Capitolio en San Juan, Puerto Rico

Puerto Rico is located in a place where many hurricanes hit. The word "hurricane" comes from the Taíno word *jurakán*, or storm god. Puerto Ricans have learned how to live with these powerful storms.

Puerto Rico está ubicado en un lugar donde azotan muchos huracanes. La palabra "huracán" viene de la palabra taína *jurakán*, o dios de la tormenta. Los puertorriqueños han aprendido a convivir con estas poderosas tormentas.

Hurricane Georges Hits San Juan

El huracán Georges golpea a San Juan

San Juan is the capital of Puerto Rico. Visitors from all over the world come to see its historic buildings, like El Morro Castle, and San José Church.

San Juan es la capital de Puerto Rico. Gente de todo el mundo visita los edificios históricos de esta ciudad, como el castillo El Morro y la iglesia San José.

El Morro Castle

Castillo El Morro

Puerto Rico Today

Puerto Rico is one of the top producers of medicines in the world. There are more than 100 medicine factories on the island. Many Puerto Ricans work in these factories.

Puerto Rico, hoy

Puerto Rico es uno de los mayores productores de medicinas del mundo. En la isla hay más de 100 laboratorios de medicinas. Muchos puertorriqueños trabajan en estos laboratorios.

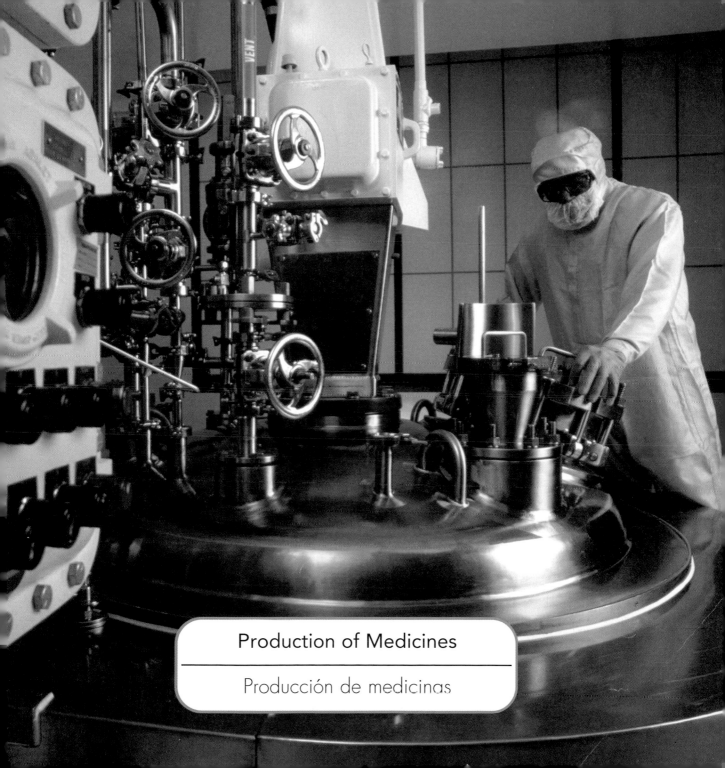

Production of Medicines

Producción de medicinas

Activity:
Let's Draw the Puerto Rican Flag

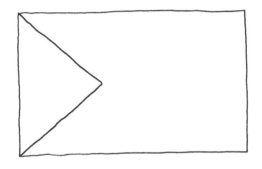

Actividad:
Dibujemos la bandera de Puerto Rico

1

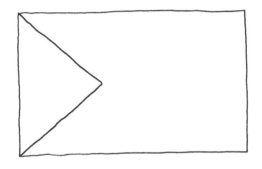

Draw a rectangle for the flag. Add a triangle to the left side of the flag.

Traza un rectángulo para dar forma a la bandera. Añade un triángulo en el lado izquierdo.

2

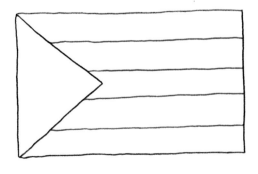

Next draw four horizontal lines across the flag. These are the stripes.

Luego, dibuja cuatro líneas horizontales. Éstas serán las barras.

26

3

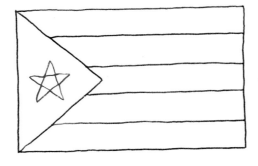

Draw a five-pointed star in the middle of the triangle.

Dibuja una estrella de cinco puntas en el centro del triángulo.

4

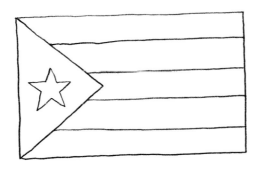

Erase extra lines inside the star.

Borra las líneas sobrantes que están dentro de la estrella.

5

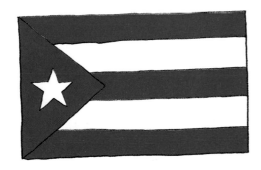

Color in your flag.

Colorea tu bandera.

Timeline

Cronología

Timeline		Cronología
Taíno Indians settle in Puerto Rico.	**800**	Los taínos se establecen en Puerto Rico.
Christopher Columbus claims the Island for Spain.	**1493**	Cristóbal Colón descubre a Puerto Rico.
Juan Ponce de León establishes the first Spanish settlement.	**1508**	Juan Ponce de León funda el primer poblado español.
The island is officially renamed Puerto Rico	**1520s**	La Isla es rebautizada con el nombre de Puerto Rico.
U.S. forces invade Puerto Rico. The Treaty of Paris ends the war and gives the U.S. control of the island.	**1898**	El ejército de los Estados Unidos de América invade a Puerto Rico. El Tratado de París pone fin a la guerra y Estados Unidos adquiere el control de la isla.
The U.S. declares Puerto Rico a territory.	**1902**	Los Estados Unidos de América declaran a Puerto Rico en la categoría de territorio.
Puerto Ricans are granted U.S. citizenship	**1917**	Se otorga a los puertorriqueños la ciudadanía estadounidense.
Puerto Rico becomes a Commonwealth. The island's Constitution is proclaimed in July 25th	**1952**	Se aprueba la constitución del Estado Libre Asociado de Puerto Rico el 25 de julio.
Puerto Ricans vote to decide the island's politican status. Puerto Rico remains a commonwealth.	**1998**	Los puertorriqueños votan para decidir su futuro político. Puerto Rico continúa siendo un Estado Libre Asociado a los Estados Unidos de América.

Puerto Rico Events

January	Three Kings Day in Juana Díaz
March	Salsa National Day
April	Salinas' Carnaval
May	Holy Cross Festivity
July	Santiago Apóstol Festival in Loíza
August	Internacional Blue Marlin Fishing Tournament
September	Añasco's Bomba and Plena Festival
October	San Juan Cinemafest
November	Nacional Plantain Festival in Corozal
December	Las Mañanitas to Our Lady of Guadalupe in Ponce

Eventos en Puerto Rico

Enero
Fiesta de Reyes en Juana Díaz

Marzo
Día Nacional de la Salsa

Abril
Carnaval de Salinas

Mayo
Fiestas de la Santa Cruz

Julio
Fiestas de Santiago Apóstol en Loíza

Agosto
Torneo Internacional de Pesca de Aguja Azul

Septiembre
Festival de Bomba y Plena de Añasco

Octubre
Festival de Cine en San Juan

Noviembre
Festival Nacional del Plátano, en Corozal

Diciembre
Las Mañanitas a la Virgen de la Guadalupe en Ponce

Puerto Rico Facts/Datos sobre Puerto Rico

Population
3.8 million

Población
3.8 millones

Capital
San Juan

Capital
San Juan

Motto
Juan es su nombre
(Juan is Thy Name)

Lema
Juan es su nombre

Flower
Puerto Rican hibiscus

Flor
Hibisco de Puerto Rico

Animal
Coquí frog

Animal
Coquí

Bird
Stripe-headed tanager

Ave
Tánagra de cabeza
rayada

Nickname/Cognomen
Island of Enchantment

Mote/Cognomento
Isla del Encanto

Tree
Ceiba

Árbol
Ceiba

Famous Puerto Ricans/
Puertorriqueños famosos

Ramón Power y Giralt
(1775–1813)

Politician
Político

Julia de Burgos
(1914–1953)

Poet
Poeta

Tito Puente
(1923–2000)

Musician
Músico

Rita Moreno
(1931–   )

Actress
Actriz

Roberto Clemente
(1934–1972)

Baseball player
Jugador de béisbol

Ricky Martín
(1971–   )

Singer
Cantante

Words to Know/Palabras que debes saber

building
edificio

factory
fabrica

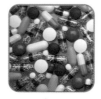

medicines
medicinas

rain forest
selva tropical

Here are more books to read about Puerto Rico:
Otros libros que puedes leer sobre Puerto Rico:

In English/En inglés:
Puerto Rico
True Books
by Landau, Elaine
Children's Press, 1999

In Spanish/En español:
Puerto Rico y otras áreas periféricas
by Burgan, Michael
World Almanac Library, 2005

Words in English: 339

Palabras en español: 352

Index

Índice